Paramahansa Yogananda
(1893–1952)

WEGE ZUM
INNEREN FRIEDEN

Ruhige Tätigkeit – tätige Ruhe

P A R A M A H A N S A
Y O G A N A N D A

Self-Realization Fellowship
FOUNDED 1920
Paramahansa Yogananda

Erste deutsche Ausgabe 2000
Self-Realization Fellowship Publishers
Leinen, 2. Auflage, 2001
ISBN 0-87612-012-5
Druck: Graphicom, Italien
13262-65432

INHALT

Vorwort

von Sri Daya Mata

Seit 1955 Präsidentin und geistiges Oberhaupt der Self-Realization Fellowship/Yogoda Satsanga Society of India

Frieden, Heiterkeit und innere Ausgeglichenheit sind nichts als leere Worte, solange wir sie nicht in einem Menschen, dem wir begegnen, verkörpert sehen — oder bis wir diese Eigenschaften selbst erworben haben. Während der mehr als zwanzig Jahre, die ich in Paramahansa Yoganandas Nähe verbringen durfte, wurde mir der Segen zuteil, täglich die unbeschreibliche Aura des Friedens zu erleben, die ihn umgab. Sie verlieh ihm die außerordentliche Fähigkeit, alle, die mit ihm in Berührung kamen, in den tiefen Brunnen des Friedens tauchen zu lassen, der sich in ihrer eigenen Seele befindet.

Die technischen Fortschritte unseres Zeitalters sind erstaunlich, doch oft scheinen sie nur die äußeren Bedingungen zu verbessern — und zwar auf Kosten von zunehmendem Streß und einem immer komplizierter werdenden Leben. Jetzt, wo die Suche nach einem ausgeglichenen Leben immer dringender wird, sehen die Menschen in aller Welt ein, daß die »neue« Wissenschaft, die wir am meisten brauchen, schon uralt ist. Es handelt sich um Yoga, der durch seine zeitlosen Methoden Körper, Geist und Seele miteinander in Einklang bringt und ein äußerst wirksames System bietet, das zu innerem Frieden führt.[1]

In Paramahansa Yoganandas Schatztruhe der Weisheit finden wir die wertvollsten aller »Yoga-Stellungen«. Er sagte oft, wir müßten »inmitten zusammenbrechender Welten fest und unerschütterlich dastehen«. Wenn wir den Zustand echter Geistigkeit erlangen, können wir sicher sein, daß wir unerschütterlich im eigenen Innern verankert sind – in jenem »Frieden, welcher höher ist denn alle Vernunft«; und das ist die zentrale Botschaft dieses Buches.

Wer Ruhe und innere Abgeklärtheit erlangen

---

[1] Wenn auch viele Menschen unter Yoga hauptsächlich körperliche Stellungen und Übungen *(Hatha-Yoga)* verstehen, handelt es sich dabei in Wirklichkeit um ein umfassendes System, das Meditation und ein ausgeglichenes geistiges Leben lehrt. Sein höchstes Ziel ist die Vereinigung der individuellen Seele mit dem unendlichen GEIST.

will – so lehrte Paramahansa Yogananda –, braucht
nicht vor jeder intensiven Tätigkeit zurückzu-
scheuen. Die eigene erstaunliche Pionierarbeit des
Meisters, der Indiens Meditationslehre so erfolgreich im Westen einführte, zeugte von seiner dyna-
mischen, schöpferischen Persönlichkeit. Er zog
sich für seine Mission nicht an einen abgeschiede-
nen Ort zurück, sondern wirkte im Getriebe der
Großstädte – New York, Chicago, Los Angeles –,
in den lärmenden und ruhelosesten Metropolen
dieser Erde! Dennoch blieb er stets freudig in der
ihm angeborenen, unerschütterlichen Ruhe der
Seele verankert.

Eine Geschichte, die seine Anhänger gern erzählen, berichtet davon, wie Paramahansaji einmal
die Macht dieses Friedens unwillkürlich anschau-
lich machte (was sich glücklicherweise in dieser
Art nie wiederholte). Das geschah in New York,
wo drei bewaffnete Gangster auf ihn zutraten. Er
sah sie ruhig an und fragte: »Wollt ihr Geld? Dann
nehmt es euch.« Damit hielt er ihnen seine Brief-
tasche entgegen. Merkwürdigerweise aber rührten
sich die bewaffneten Männer nicht von der Stelle.
Die geistigen Schwingungen, die er ausstrahlte,
ließen sie erstarren. Schließlich stieß der eine von

ihnen hervor: »Verzeihung. Wir können es nicht tun.« Damit wandten sie sich um und liefen davon.

Oft, wenn er sich in der Öffentlichkeit befand, blieben die Vorübergehenden stehen und starrten ihn an. Dann fragten sie uns, die wir ihn begleiteten: »Wer ist das? Wer ist dieser Mann?« Die Menschen spürten die friedvollen Schwingungen, die von ihm ausgingen, und fühlten sich zu ihm hingezogen.

Diese Sammlung stellt eine Auswahl aus Paramahansajis gehaltvollen Büchern, Essays, Vorträgen und Ansprachen an seine Schüler dar – Weisheiten, die Sie selbst anwenden können, um jene Ruhe und Sicherheit zu erlangen, von der er spricht. Es ist ein Handbuch, das Sie mit den Grundsätzen und den von ihm gelehrten praktischen Ratschlägen bekannt macht und Ihnen zu einem segensreichen inneren Gleichgewicht verhelfen kann. Es gibt Anweisungen, wie Sie sich in der Außenwelt schöpferisch betätigen können, ohne Ihren inneren Frieden zu verlieren. Es lehrt die Kunst der Entspannung, die allen Streß beseitigt. Es zeigt, wie Sie störende Emotionen, z. B. Ärger, Angst, Sorge und Überempfindlichkeit bewußtmachen und diese Feinde des inneren Gleichmuts überwinden können; und – was am allerwichtigsten ist – es macht Sie mit der göttlichen Quelle des Friedens vertraut, die in Ihrer eigenen Seele, dem Tempel Gottes, verborgen liegt.

Unser seelischer Frieden kann die im eigenen Leben und in der Familie bestehende Disharmonie beseitigen und auch die im Zerfall begriffene soziale Struktur wiederherstellen. Ein auf diesen Frieden aufgebautes Leben bringt Ihnen innere Ausgeglichenheit und Heilung. Und Ihre eigenen friedvollen Schwingungen helfen wiederum all jenen, die Ihren Weg kreuzen, und tragen wesentlich zu einem bleibenden Frieden in unserer Weltfamilie bei.

Los Angeles,
August 1999

FRIEDE

Paramahansa Yogananda

Friede durchweht mein Herz wie ein sanfter Hauch.

Friede erfüllt mich wie ein lieblicher Duft.

Friede durchdringt mich gleich Strahlen.

Friede durchsticht die lärmenden Sorgen.

Friede verbrennt meine Unruhe.

Friede dehnt sich wie ein Flammenmeer aus und erfüllt meine Allgegenwart.

Friede rauscht wie ein mächtiges Meer durch den wei-
ten Raum.

Friede pulsiert wie rotes Blut durch die Adern meiner
Gedanken.

Friede umgibt wie ein Strahlenkranz den Körper meiner Unendlichkeit.

Friedensflammen lodern durch all meine Poren – und
durch den unendlichen Raum.

Der Duft des Friedens weht über blühende Gärten.

Der Wein des Friedens rinnt durch die Weinkelter aller Herzen.

Friede ist der Atem der Steine, der Sterne, der Weisen.

Friede, der Nektar des GEISTES, fließt aus dem Faß
des Schweigens,

Und eifrig trinke ich ihn mit den Mündern zahlloser
Atome.

I

»Wo finde ich Frieden?«

*D*er positive Frieden geht von der Seele aus; er verschafft die heilige innere Umgebung, in der sich das wahre Glück entfalten kann.

———◆———

Durch Meditation kann man einen dauerhaften inneren Frieden erwerben, der einem bei allen harmonischen oder schwierigen Situationen, die uns das Leben mit seiner Verantwortung bringt, Beruhigung und Linderung verschafft. Bleibendes Glück besteht in einem stets friedlichen Geisteszustand.

———◆———

Bei allem, was ihr tut, solltet ihr inneren Frieden bewahren. Das ist die beste Arznei für euren Körper, euren Geist und eure Seele. Es ist die wunderbarste Art zu leben.

Es gibt ein Heilmittel gegen Streß ...

Ruhe ist der ideale Zustand, in dem wir allen Erfahrungen des Lebens entgegensehen sollten. Nervosität ist das Gegenteil von Ruhe, und ihre weite Verbreitung in der heutigen Zeit macht sie beinahe zu einer Weltkrankheit.

———

Das beste Heilmittel gegen Nervosität besteht darin, sich stets um innere Ruhe zu bemühen. Ein ruhiger Mensch verliert nicht so leicht sein Urteilsvermögen, seinen Gerechtigkeitssinn und seinen Humor, ganz gleich, in welcher Lage er sich befindet. ...

Ausgeglichenheit ist eine wunderbare Eigenschaft. Wir sollten unser Leben auf folgender Dreiecksbeziehung aufbauen: Ruhe und Liebenswürdigkeit sind die beiden Schenkel, und Frohsinn ist die Basis. ... Ob man schnell oder langsam handelt, ob man allein ist oder sich in einer Menschenmenge befindet, man sollte innerlich immer friedlich und ausgeglichen sein. Christus hat uns dieses Ideal vorgelebt. Wo er sich auch befand, strahlte er Frieden aus. Er bestand jede nur vorstellbare Prüfung, ohne sein inneres Gleichgewicht zu verlieren.

Lebt im göttlichen Bewußtsein eurer Seele ...

Wir sind ewige, unwandelbare Seelen, die Gott zum Bilde erschaffen wurden; und Gott ist unsterbliche Glückseligkeit. Unsere Seelen sollten stets Seine ewig neue Freude widerspiegeln. Ich habe nie jemandem erlaubt, mir mein inneres Glück zu rauben; und auch ihr solltet euch als Seele erkennen und die Kunst lernen, furchtlos zu leben und alle Sorgen, die kommen mögen, durch ein Lächeln zu vertreiben.

———

Der wahre Zustand des SELBST, der Seele, ist Glückseligkeit, Weisheit, Liebe, Frieden. Das heißt, man ist so glücklich, daß einem alles, was man tut – ganz gleich, was es ist –, Freude macht. Ist das nicht weit besser, als wie ein ruheloser Geist durch die Welt zu irren – unfähig, in irgend etwas Erfüllung zu finden?

Ruhe ist der Atem der Unsterblichkeit ...

Wer tief meditiert, erlebt eine wunderbare innere Stille.

——◆——

Ruhe ist ein Zeichen eurer Unsterblichkeit, die ihr in euch tragt. ... Sobald ihr euch Sorgen macht, ist euer geistiges Radio gestört. Gottes Lied ist das Lied der Stille. Nervosität ist eine Störung; Ruhe aber ist die Stimme Gottes, die durch das Radio eurer Seele zu euch spricht.

Unruhe führt zu Veränderungen und zum Tod. Wenn ihr ruhig seid, fürchtet ihr euch nicht einmal vor dem Tod, weil ihr wißt, daß ihr ein Gott seid.

Ruhe ist der lebendige Atem Gottes, der von eurer Unsterblichkeit zeugt.

——◆——

Je mehr Frieden ihr in der Meditation fühlt, um so näher seid ihr Gott. Während ihr eure Meditationen vertieft, kommt Er euch immer näher. Der Frieden der Meditation ist die Sprache Gottes, Seine tröstende Umarmung.

———◦∙◦———

Lernt, im Zustand ewigen Glücks und Friedens zu leben, denn das bedeutet, in Gott zu leben.

Unterzieht euer Leben einer ehrlichen Prüfung

Wenn man das gewaltige Panorama dieser Welt und die unzähligen Menschen betrachtet, die in fiebriger Hast ihre Lebensspanne durchlaufen, fragt man sich unwillkürlich, was dies alles zu bedeuten habe. Wo eilen wir hin? Und aus welchem Beweggrund? Welches ist der beste und sicherste Weg, unser vorbestimmtes Ziel zu erreichen?

Die meisten von uns rasen ziel- und planlos dahin wie ein führerloses Auto. Wir stürmen unbekümmert durchs Leben, ohne irgendeinen Sinn darin zu sehen, und wissen nur selten, ob wir uns auf Irrwegen befinden, die nirgendwo hinführen, oder auf dem geraden Weg, der uns direkt ans Ziel bringt. Wie können wir aber an unser Ziel gelangen, wenn wir nie darüber nachdenken?

Habt ihr euer Leben durch Einflüsse verderben lassen, die stärker zu sein scheinen als ihr selbst? Habt ihr euer Leben fest in der Hand? Verfallt nicht in den alten Trott der Mittelmäßigkeit. Erhebt euch über die Menge. Laßt die erdrückende Monotonie des gewöhnlichen Daseins hinter euch und fangt ein besseres, interessanteres Leben an, das von Erfolg gekrönt ist und euch ewig neuen Frieden bringt.

———✦———

Fragt euch einmal, worin der Sinn des Lebens besteht. Ihr seid Gott zum Bilde geschaffen; das ist euer wahres SELBST. Der höchste Erfolg besteht darin, das Ebenbild Gottes in euch zu erkennen – und das bedeutet unendliche Freude, Erfüllung aller Wünsche, Sieg über alle körperlichen Schwierigkeiten und weltlichen Einflüsse.

Aus dem Kampf des Alltags siegreich hervorgehen ...

Ein Klumpen Sand kann der Erosion der Meereswellen nicht widerstehen; und ein Mensch, der keinen unerschütterlichen inneren Frieden besitzt, kann während eines geistigen Konflikts nicht ruhig bleiben. Ein Diamant jedoch bleibt immer unverändert, ganz gleich, wie viele Wellen ihn umspülen; und ähnlich bleibt ein Mensch, der kristallenen Frieden besitzt, auch dann strahlend heiter, wenn von allen Seiten Prüfungen auf ihn einstürmen. Laßt uns durch Meditation aus den wechselvollen Wassern des Lebens den Diamanten unveränderlichen Seelenbewußtseins retten, der die ewig währende Freude des GEISTES ausstrahlt.

Eine gewisse Schulung brauchen wir, um

die Kriegskunst ausüben zu können, und das-selbe trifft auf unseren Lebenskampf zu. Un-geschulte Krieger werden auf dem Schlacht-feld bald getötet; und Menschen, die nicht in der Kunst geschult sind, ihren inneren Frieden zu bewahren, werden im täglichen Leben bald von den Kugeln der Sorgen und der Ruhelo-sigkeit durchlöchert.

Eure höchste Errungenschaft besteht darin, euren inneren Frieden zu bewahren. Ganz gleich, in welcher Lebenslage ihr euch befindet, es gibt keine Rechtfertigung dafür, euren Frie-den zu verlieren. Denn wenn ihr diesen ein-büßt, könnt ihr nicht klar denken und habt die Schlacht bereits verloren. Wenn ihr nie euren Frieden verliert, werdet ihr immer den Sieg da-vontragen, ganz gleich, wie ihr eure Probleme löst. So wird man Herr über das Leben.

Macht das Leben zu einem freudigen Erlebnis für die Seele …

Übt euch jederzeit in Ruhe und Gleichmut. Werdet zu einem König, zu einem absoluten Monarchen, der über das geistige Reich seines Friedens herrscht. … Nichts darf euer Reich des Friedens aus der Ruhe bringen. Haltet Tag und Nacht an der Freude fest, die der »Frieden Gottes« gewährt, »welcher höher ist denn alle Vernunft.«

———•———

Diese geistige Ausgeglichenheit, an der man durch regelmäßige, tiefe Meditation festhalten kann, vertreibt die Langeweile, die Enttäuschungen und Sorgen aus dem täglichen Leben und macht es statt dessen zu einer höchst interessanten und erfreulichen Erfahrung für die Seele.

Eure innere and äußere Umgebung ...

Diese Welt sieht für jeden Menschen anders aus. Jeder lebt in seiner eigenen kleinen Welt. … In der Welt des einen mögen Frieden und Harmonie herrschen, in der Welt des anderen Zwist und Streit. Wie die Umstände aber auch sind, wir leben immer in einer inneren und einer äußeren Welt. In der äußeren Welt herrschen Tätigkeit und Wechselwirkung. Eure innere Welt indessen bestimmt, ob ihr glücklich oder unglücklich seid.

— ◆ —

Wer in dieser Welt keinen inneren Frieden besitzt, lebt in einer Art Hölle. Doch ein Mensch, der göttliche Wahrnehmungen hat, betrachtet die Erde als eine glückliche Wohnstätte.

— ◆ —

Nur diejenigen, die im Einklang mit ihrer Seele leben, fühlen die Harmonie in der ganzen Natur. Wer diese innere Harmonie nicht hat, findet sie auch nirgendwo in der Welt. Ein Mensch, dessen Geist in Aufruhr ist, sieht überall um sich herum nur Chaos. ... Doch wer inneren Frieden besitzt, kann selbst draußen im Trubel der Welt an ihm festhalten.

———•———

Legt die geistige Ruhelosigkeit ab und lenkt den Geist nach innen. Bringt eure Gedanken und Wünsche mit der alles erfüllenden Wirklichkeit in Einklang, die ihr bereits in eurer Seele besitzt. Dann werdet ihr auch die eurem Leben und der ganzen Natur zugrundeliegende Harmonie erkennen. Wenn ihr eure Hoffnungen und Erwartungen mit dieser euch innewohnenden Harmonie in Einklang bringt, werdet ihr auf Schwingen des Friedens heiter durch das Leben segeln. Die Schönheit und Tiefe des Yoga liegt darin, daß er diese unveränderliche Ruhe verleiht.

Wartet nicht bis morgen ...

In der Welt huldigt man den Menschen, die über große Macht verfügen – wie Alexander der Große und Napoleon –, aber stellt euch deren Geisteszustand vor! Und dann denkt an den Frieden, den Christus besaß. Diesen Frieden konnte ihm niemand nehmen. Wir meinen, daß wir »morgen« nach diesem Frieden suchen können. Jeder, der so denkt, wird ihn nie finden. *Ihr müßt ihn jetzt suchen.*

Die meisten Menschen gleichen Schmetterlingen, die ziellos umherflattern. Es scheint, daß sie nirgendwohin gelangen und nur kurz einmal innehalten, um dann wieder auf etwas anderes zuzufliegen, das sie verlockt. Die Biene ist fleißig und bereitet sich auf schwere Zeiten vor. Doch der Schmetterling lebt nur für den heutigen Tag. Wenn der Winter kommt, ist der Schmetterling verschwunden, während die Biene genug Nahrung gesammelt hat, um von ihr zu leben. Wir müssen lernen, den Honig göttlichen Friedens und göttlicher Kraft zu sammeln und aufzuspeichern.

—◦—

Richtet eure Aufmerksamkeit nach innen. Dann werdet ihr in Körper, Geist und Seele eine neue Kraft und einen neuen Frieden aufsteigen fühlen.

—◦—

Ihr habt das Vorrecht und die freie Wahl, hier, wo ihr seid, euren eigenen Himmel zu schaffen; ihr habt alle Mittel dazu in der Hand.

—◦—

Baut durch wissenschaftliche Yoga-Medita-

tion euren Friedenspalast auf einem festen
Felsen – dem unzerstörbaren inneren Frieden
Gottes.

※

Ihr müßt das Reich himmlischer, ewig
währender Freude im eigenen Innern suchen;
dann werdet ihr es sowohl in der Stille als
auch im Lärm und Trubel der Großstadt und
überall finden.

※

Wenn jede Bewegung eures Körpers voller
Frieden ist, wenn ihr Frieden in euren Gedanken, in eurer Willenskraft und in eurer Liebe
habt, und wenn ihr all eure Ziele friedlich und
mit Gottes Beistand verfolgt, dann habt ihr euer Leben mit Gott in Einklang gebracht.

II

Meditation – die Wissenschaft der »tätigen Ruhe«

*D*er Friede ist nicht käuflich; ihr müßt wissen, wie ihr ihn im eigenen Innern erzeugen könnt – in der Stille eurer täglichen Meditationen.

————•✦•————

Alles in der Welt der Erscheinungen ist in Bewegung und unterliegt dem Wechsel; Gott aber ist ewige Stille. Der Mensch als Seele trägt dieselbe Ruhe in sich. Wenn er die drei Erregungszustände in sich zur Ruhe bringen kann – die Wellen des Leids und der Freude und die dazwischenliegenden Wellentäler der Gleichgültigkeit –, schaut er in sich selbst das windstille Meer seelischen Friedens, das sich zum grenzenlosen stillen Ozean des GEISTES erweitert.

Meditation bedeutet, in der Ruhe tätig zu sein

Meditation ist »tätige Ruhe«. Passive Ruhe – wie z.B. im Schlaf oder in müßigen Träumereien – unterscheidet sich wesentlich von tätiger Ruhe, dem positiven Zustand des Friedens, den man durch wissenschaftliche Meditation erreicht.

———•———

Jede Nacht genießt ihr während des Schlafs einen Vorgeschmack von Frieden und Freude. Wenn ihr in tiefen Schlaf versinkt, läßt Gott euch im friedlichen Überbewußtsein leben, in dem alle Ängste und Sorgen dieses Daseins vergessen sind. Durch Meditation könnt ihr diesen heiligen Geisteszustand auch im Wachbewußtsein erreichen, so daß ihr ständig von einem heilsamen Frieden durchdrungen seid.

———•———

Auch wenn man große weltliche Leistungen vollbringen kann, aber nicht meditiert, wird man nie jene Freude finden, die man durch das Schweigen der Gedanken erreicht, wenn man innerlich mit Gottes Frieden erfüllt ist. ...

Die Meditation öffnet weit die inneren Tore des Körpers, des Geistes und der Seele und läßt Gottes Kraft in euch einströmen. Euer ganzer Körper, euer ganzes Wesen wird eine Wandlung erfahren, wenn ihr regelmäßig meditiert. Wenn ihr in Gottes Frieden eintaucht, wird diese innere Gottverbundenheit euer Leben harmonisch gestalten. Doch ihr müßt gewissenhaft, richtig und beharrlich meditieren, wenn ihr die wohltuenden Ergebnisse erlangen wollt, die diese Höchste Kraft euch schenkt.

<hr />

Der durchschnittliche Mensch ist allezeit ruhelos. Wenn er zu meditieren beginnt, ist er ab und zu ruhig, aber die meiste Zeit ruhelos. Gelingt es ihm dann, tiefer zu meditieren, ist er schon die halbe Zeit ruhig und die halbe Zeit ruhelos. Durch längere, regelmäßige Übung gelingt es ihm allmählich, die meiste Zeit ruhig zu sein und nur dann und wann einmal ruhelos. Und wenn er so fortfährt, erreicht er schließlich den Zustand, in dem er allezeit ruhig und nie mehr ruhelos ist. Wo alle Bewegung aufhört, tritt Gott in Erscheinung.[1]

[1] »Seid stille und erkennet, daß ich Gott bin.« (*Psalm* 46, 11)

Die psychische Auswirkung der Ruhe ...

Wenn ihr ein Gefäß mit Wasser so hinstellt, daß sich der Mond darin widerspiegelt, und das Wasser dann in Bewegung bringt, wird das Spiegelbild verzerrt. Sobald ihr die Wasseroberfläche wieder ruhig werden laßt, könnt ihr das Spiegelbild klar erkennen. Der Zustand, in dem das Wasser im Gefäß ruhig und das Bild des Mondes klar und unverzerrt ist, kann mit dem Zustand des Friedens während der Meditation verglichen werden und dem noch tieferen Zustand der Stille. Im Frieden der Meditation gibt es keine Gefühls- und Gedankenwellen mehr. Und im noch tieferen Zustand der Stille gewahrt man die Widerspiegelung der Gegenwart Gottes.

Wenn sich der meditative Frieden aber zur Stille und schließlich zum positiven Zustand der Glückseligkeit vertieft, erlebt der Meditierende eine Freude, die ewig neu und allbefriedigend ist.

———•—•———

Unendliche Freude wird man erleben, wenn man das Bewußtsein in der Meditation auf die wahre, ewig ruhige Natur der Seele einstellt; dann treibt der Geist nicht mehr auf den Wellenkämmen von Lust und Leid umher – noch versinkt er in tiefste Gleichgültigkeit.

———•—•———

Taucht immer wieder in das innere Schweigen ein, indem ihr die Konzentrations- und Meditationstechniken übt, die ich euch gegeben habe; dann werdet ihr tiefen Frieden und großes Glück finden.

———•—•———

Der erste Beweis der Gegenwart Gottes ist ein unbeschreiblicher Frieden. Aus diesem entwickelt sich dann eine Freude, die jede menschliche Vorstellung übersteigt. Wenn ihr einmal den Quell der Wahrheit, den Quell des Lebens angezapft habt, werdet ihr mit der ganzen Natur im Einklang sein. Und wenn ihr Gott im eigenen Innern gefunden habt, dann findet ihr Ihn auch überall – in allen Menschen und in allen Lebenslagen.

Meditation ist eine höchst praktische Wissenschaft ...

Meditation ist die Wissenschaft der Gottverwirklichung. Sie ist die praktischste Wissenschaft, die es in der Welt gibt.[2] Die meisten Menschen würden gern meditieren, wenn sie den Wert der Meditation kennten und ihre wohltuende Wirkung erlebten. Der eigentliche Sinn der Meditation besteht darin, Gott zu erkennen und zu fühlen, daß die Seele eins mit dem GEIST ist. Welche Errungenschaft könnte sinnvoller und nützlicher sein, als die begrenzten menschlichen Fähigkeiten durch die Allgegenwart und Allmacht des Schöpfers erweitern zu lassen? Gottverwirklichung verleiht dem

---

[2] Eine von Paramahansa Yogananda gelehrte, einführende Meditationsmethode beginnt auf Seite 33. Die umfassende Ausgabe der Techniken, die er lehrte – die stufenweise aufgebaute Yoga-Wissenschaft der Konzentration und Meditation –, ist in den gedruckten *Lehrbriefen der Self-Realization Fellowship* enthalten. Siehe Seite 129.

Meditierenden den Segen göttlichen Friedens, göttlicher Liebe, Freude, Kraft und Weisheit.

———•—•———

    Meditation bedeutet die höchste Art der Konzentration. Konzentration besteht darin, die Aufmerksamkeit von Ablenkungen zu befreien und sie auf irgendeinen Gedanken zu richten, der einen interessiert. Meditation ist jene besondere Art der Konzentration, in der die Aufmerksamkeit einen Zustand tiefster Ruhe erreicht hat und sich ausschließlich auf Gott konzentriert. Meditation ist also Konzentration, die dazu angewandt wird, Gott zu erkennen.

Wie man eine Meditation beginnt ...

Setzt euch auf einen geraden Stuhl – oder mit gekreuzten Beinen auf eine feste Fläche. Haltet die Wirbelsäule gerade und das Kinn parallel zum Erdboden.

———

Wenn ihr die richtige Haltung eingenommen habt, ist sie fest, aber völlig entspannt, so daß ihr still sitzen könnt, ohne einen Muskel zu bewegen. Eine solche Ruhe, in der es keine unruhigen körperlichen Bewegungen und kein Zurechtrücken gibt, ist nötig, wenn man tiefere Meditationszustände erreichen will.

———

Richtet den Blick und die Aufmerksamkeit mit halbgeschlossenen oder, wenn es euch leichter fällt, mit ganz geschlossenen Augenlidern nach oben auf die Stelle zwischen den

Augenbrauen, so als ob ihr von dort in die Fer-
ne blicken wolltet. (Menschen, die sich tief
konzentrieren, ziehen oft ihre Brauen an dieser
Stelle zusammen.) Strengt die Augen aber
nicht an und schielt auch nicht. Der Blick wird
sich ganz von selbst nach oben richten, wenn
man entspannt ist und sich ruhig konzentriert.
Wichtig ist, daß die Aufmerksamkeit *voll und
ganz* auf die Stelle zwischen den Augenbrauen
gerichtet ist. Dort befindet sich das Zentrum
des Christusbewußtseins, der Sitz des »einfäl-
tigen« Auges, von dem Christus sagt: »Das Auge ist des Leibes Licht. Wenn dein Auge ein-
fältig ist, so wird dein ganzer Leib licht sein.«
(Matthäus 6, 22*)* Wenn der Zweck der Meditation erreicht ist, wird der Gottsucher feststellen, daß sich seine Konzentration ganz von
selbst auf das geistige Auge richtet und daß er,
je nach seiner inneren Erlebnisfähigkeit, eine
freudige Verbindung mit dem GEIST fühlt.

Eine Atemübung als Vorbereitung für die Meditation ...

Wenn ihr die soeben beschriebene richtige Meditationshaltung eingenommen habt, besteht die nächste Vorbereitung für die Meditation darin, die Lunge vom angesammelten Kohlendioxid zu befreien, das den Körper ruhelos macht. Atmet zweimal durch den Mund aus: »Hah, hahhh!« (Dieser Laut wird nur durch die Ausatmung erzeugt, nicht mit den Stimmbändern.) Dann atmet tief durch die Nase ein und spannt den ganzen Körper an, indem ihr bis sechs zählt. Atmet zweimal durch den Mund aus: »Hah, hahhh!« und entspannt euch. Wiederholt dies dreimal.

Konzentriert euch auf den Frieden und die Freude der Seele ...

Verhaltet euch ruhig. ... Sagt allen Sinneswahrnehmungen Lebewohl – dem Sehen, Hören, Riechen, Schmecken und Tasten – und taucht tief nach innen, wo die Seele sich Ausdruck verschafft. ...

Verbannt alle körperlichen Empfindungen; verbannt alle ruhelosen Gedanken. Konzentriert euch auf Gedanken des Friedens und der Freude.

Eine Meditation über den Frieden ...

Wendet euch mit der ganzen Glut und Aufrichtigkeit eures Herzens an Gott. Bittet Ihn, in den Tempel eures Schweigens zu kommen. Und wenn ihr tiefer meditiert, fühlt Ihn im Tempel der Ekstase und der Glückseligkeit. Sendet Ihm von ganzem Herzen, von ganzer Seele und mit aller Kraft Gedanken der Liebe. Fühlt intuitiv, wie Gottes Nähe sich Bahn bricht durch die Wolken eurer Ruhelosigkeit und euch als großer Frieden und große Freude umfängt. Frieden und Freude sind die Stimme Gottes, die wegen eurer Unwissenheit lange geschwiegen hat – unbeachtet und vergessen im Lärm menschlicher Leidenschaft.

Das Reich Gottes liegt unmittelbar hinter dem Dunkel der geschlossenen Augen; und das erste Tor, das sich öffnet, ist euer Frieden. Atmet aus und entspannt euch; fühlt, wie sich dieser Frieden überallhin ausbreitet – nach innen und nach außen. Taucht ganz in diesen Frieden ein.

Atmet tief ein. Atmet aus. Jetzt vergeßt den Atem. Wiederholt meine Worte:

»Vater, alle Geräusche der Erde und des Himmels sind verstummt.

Ich befinde mich im Tempel der Stille.

Dein ewiges Reich des Friedens breitet sich in seiner Unermeßlichkeit vor mir aus. Möge dieses unendliche Reich, das lange hinter dem Dunkel verborgen lag, sich mir offenbaren.

Friede erfüllt meinen Körper; Friede erfüllt mein Herz und meine Liebe; Friede ist in mir, um mich herum und überall.

Gott ist Frieden. Ich bin Sein Kind. Ich bin Frieden. Gott und ich sind eins.

Unendlicher Friede erfüllt mein Leben und durchdringt mich jeden Augenblick. Friede sei mit mir; Friede sei mit meiner Familie; Friede sei mit meinem Land; Friede sei mit meiner Welt; Friede sei mit meinem Kosmos.

Allen Nationen, allen Lebewesen wünsche ich das Beste, denn alle sind meine Brüder, und Gott ist unser gemeinsamer Vater. Wir leben in den Vereinigten Staaten der Welt, angeführt von Gott und der Wahrheit.

Himmlischer Vater, möge Dein Reich des Friedens kommen, im Himmel wie auf Erden, damit wir uns von aller Zwietracht und Disharmonie befreien und mit Körper, Geist und Seele zu vollkommenen Bürgern Deiner Welt werden.«

Meditiert, bis ihr Gottes Antwort fühlt ...

Ihr solltet euch immer auf das Zentrum des Christusbewußtseins zwischen den Augenbrauen konzentrieren und innig zu Gott und Seinen großen Heiligen beten. Redet in der Sprache eures Herzens zu ihnen und bittet um ihren Segen. Es ist gut, sich irgendeinen Leitgedanken oder ein Gebet ... auszusuchen und sie durch die eigene Hingabe und Sehnsucht zu vergeistigen. Singt und betet in aller Stille zu Gott und richtet eure Aufmerksamkeit dabei immer auf die Stelle zwischen den Augenbrauen, bis ihr schließlich Gottes Antwort fühlt, die sich euch als Ruhe, tiefer Frieden und innere Freude mitteilt.

III

Geistige Methoden zur
Entspannung: Wie man Körper
und Geist von Streß befreit

$\mathcal{T}$rainer, Gesundheitsreformer und geistige Lehrer sprechen alle über das Thema der Entspannung; dennoch wissen nur wenige Menschen, was vollkommene Entspannung des Körpers und Geistes wirklich bedeutet oder wie man sie erlangen kann.

———•◆•———

Genauso wie ein Auto, dessen Motor man noch laufen läßt, nachdem man es zum Stehen gebracht hat, Energie verbraucht, so sind auch viele Menschen beim Schlafen, Sitzen oder

Liegen noch teilweise angespannt (schwach, mittel oder stark), je nach dem Grad ihrer inneren Nervosität. Sie verbrennen also Energie, während ihr Körper scheinbar ruht.

Wenn ihr einmal ganz entspannt dasitzt oder daliegt und völlig ausgeatmet habt, macht folgenden Versuch: Bittet jemanden, eure Hände oder Füße etwas anzuheben und dann fallen zu lassen. Wenn eure Glieder mit einem dumpfen Schlag herabfallen, ohne daß ihr auch nur unwillkürlich versucht habt, den Fall zu dämpfen, seid ihr entspannt.

Jedesmal, wenn ihr müde seid oder Sorgen habt, spannt den ganzen Körper an und entspannt ihn dann, während ihr ausatmet; das hat eine beruhigende Wirkung. Wenn ihr vor dem Entspannen nur wenig oder teilweise anspannt, wird nicht alle Spannung beseitigt. Doch wenn ihr stark anspannt, so daß ihr vor Energie vibriert, und dann schnell »loslaßt«, erreicht ihr völlige Entspannung.

Befreit die Muskeln von aller Anspannung ...

[Technik[1] zur körperlichen Entspannung:]

Spannt willentlich an: Lenkt die Lebenskraft durch euren Willen in den ganzen Körper oder einen beliebigen Körperteil (indem ihr ihn anspannt). Fühlt dort ein erfrischendes Vibrieren, das euch mit Kraft auflädt. *Entspannt und fühlt:* Entspannt euch und fühlt das sanfte Prickeln in dem betreffenden Körperteil, der mit neuem Leben und neuer Kraft erfüllt wird. *Fühlt,* daß ihr nicht der Körper seid; ihr seid das Leben, das den Körper erhält. *Fühlt* den Frieden, die Freiheit und die gesteigerte

---

[1] Ein vereinfachender Hinweis auf die 1916 von Paramahansa Yogananda entwickelte Technik zur Aufladung des Körpers, durch die dieser gekräftigt wird und vollkommene Entspannung erlangt. Die Technik ist in den *Lehrbriefen der Self-Realization Fellowship* beschrieben. Das allgemeine Prinzip der Anspannung und Entspannung wurde in den letzten Jahren zunehmend von Ärzten bei der Behandlung vieler Krankheiten angewandt, u.a. auch bei Nervosität und hohem Blutdruck.

Wahrnehmung, die sich durch das Üben dieser Technik und die dadurch gewonnene Ruhe einstellen.

———•◆•———

a) Atmet ein und haltet den Atem an.

b) Spannt den ganzen Körper, d. h. alle Muskeln gleichzeitig, an.

c) Haltet die Spannung an, während ihr bis 20 zählt und euch tief auf den ganzen Körper konzentriert.

d) Atmet aus und entspannt euch.

Wiederholt dies dreimal. Macht die Übung jederzeit, wenn ihr euch schwach fühlt oder nervös seid.

Entspannung und geistiger Frieden ...

Ein entspannter und ruhiger Körper erleichtert es einem, inneren Frieden zu fühlen.

———

Gemütserregungen können wesentlich beruhigt werden, wenn man bewußt die äußeren körperlichen Anzeichen beseitigt. Im Zustand der Furcht ballt ihr oft die Fäuste und beugt den Kopf leicht nach vorn; und mit Sicherheit schlägt euer Herz schneller. Wenn ihr auf solche körperlichen Reaktionen achtet und eure Hände entspannt, den Körper aufrichtet, langsam und tief einatmet und dann ausatmet, den Atem so lange, wie es bequem ist, anhaltet und euch dabei auf die innere Ruhe des atemfreien Zustands konzentriert, wird eure Furcht nachlassen.

Lernt die Kunst geistiger Entspannung ...

Es gibt Menschen, die gelernt haben, sich körperlich, aber nicht geistig zu entspannen.

———

Geistige Entspannung besteht in der Fähigkeit, die Aufmerksamkeit willentlich von nagenden Sorgen um vergangene oder gegenwärtige Probleme zu befreien; ebenfalls vom ständigen Pflichtbewußtsein; von der Angst vor Unfällen und anderen quälenden Ängsten; und von Gier, Leidenschaft oder sonstigen störenden, negativen Gedanken und Bindungen. Um vollkommene geistige Entspannung zu erlangen, muß man sich regelmäßig darin üben. Man hat sie erreicht, wenn man fähig ist, den Geist willentlich von allen ruhelosen Gedanken zu befreien und die ganze Aufmerksamkeit auf den Frieden und die Zufriedenheit im Innern zu richten.

⊰•⊱

Wenn ihr mit den Wellen kämpft, seid ihr euch nicht so sehr der Wellen als vielmehr eurer eigenen Anstrengungen bewußt. Wenn ihr dann aber loslaßt und euch entspannt, werdet ihr von den Wellen getragen. Dann fühlt ihr, wie der ganze See sanft euren Körper umspült. So ist es mit Gott. Wenn ihr ruhig seid, fühlt ihr, wie euer Bewußtsein vom ganzen glückseligen Universum sanft gewiegt wird. Und dieses Glück ist Gott.

⊰•⊱

Wenn ihr jederzeit, auch während schwerer Prüfungen, ruhig sein könnt und wenn ihr unerschütterlichen Glauben besitzt und euch in Gott sicher fühlt, seid ihr geistig entspannt.

⊰•⊱

Auch die geistige Entspannung ist nur eine der ersten Stufen auf dem Weg zur metaphysischen oder höchsten Entspannung – einem Zustand, in dem man Bewußtsein und Energie vollkommen und willentlich vom ganzen Körper zurückziehen kann und voll und ganz in seinem wahren Wesen aufgeht, das GEIST ist. Durch solch eine Befreiung des Bewußtseins von der Täuschung der Dualität gewinnt man höchste geistige Entspannung.[2]

Richte deinen Geist nach innen, auf die Stelle zwischen den Augenbrauen – auf den uferlosen See des Friedens. Beobachte, wie der leise wogende Friede einen ewigen Kreis

[2] Dieser glückselige Zustand ist das Ziel der von Paramahansa Yogananda gelehrten Kriya-Yoga-Meditation und wird durch diese möglich gemacht. (siehe Seite 129)

um dich bildet. Je intensiver du beobachtest, um so deutlicher wirst du fühlen, wie die kleinen Wellen des Friedens immer weitere Kreise ziehen – von den Augenbrauen zur Stirn, von der Stirn zum Herzen und von dort zu jeder Zelle deines Körpers. Jetzt treten die Wasser des Friedens über die Ufer deines Körpers und überfluten das weite Gebiet deines Geistes. Und nun überschwemmt die Friedensflut die Grenzen deines Geistes und strömt endlos nach allen Seiten.

IV

»Ruhige Tätigkeit« – verankert
im Frieden, was immer man tut

Ruhig tätig sein und während der Tätigkeit ruhig sein – ein Fürst des Friedens auf dem Thron der Ausgeglichenheit, der das Reich seiner Tätigkeit regiert –, das bedeutet geistig gesund sein. Durch zuviel Tätigkeit wird man zu einem Automaten und durch zuviel Ruhe wird man träge und unpraktisch. Frieden bedeutet Freude am Leben; und Tätigkeit bedeutet, dem Leben Ausdruck zu verleihen. Was wir brauchen, ist ein Ausgleich zwischen dem Tätigkeitsdrang des Westens und der Ruhe des Ostens.

Bewahrt eure Ruhe. Das gewöhnliche Leben gleicht einem Pendel, das ständig hin- und herschwingt. Der friedliche Mensch bleibt ruhig, bis er sich anschickt zu arbeiten; dann setzt er sich in Bewegung. Sobald er damit fertig ist, kehrt er ins Zentrum der Ruhe zurück. Ihr solltet stets ruhig sein wie das stillstehende Pendel, jedoch immer bereit, euch ausgeglichen zu betätigen, sobald dies notwendig ist.

Der richtige Ausgleich zwischen einem geistigen und einem weltlichen Leben ...

Materie und Geist sind zwei verschiedene Teile des einen Universums und der einen Wahrheit. Wenn man das eine oder andere überbetont, erreicht man nicht die Ausgeglichenheit, die für eine harmonische Entwicklung nötig ist. ... Bemüht euch um wahre Lebenskunst, ohne euren inneren Frieden zu verlieren. Führt ein ausgeglichenes Leben, damit ihr den wundersamen Garten der Selbst-Verwirklichung erreicht.

❧

So wie Gott im Kosmos allgegenwärtig ist und sich von dessen Mannigfaltigkeit nicht behindern läßt, so muß auch der Mensch, der als Seele zum individualisierten GEIST wird, lernen, in diesem kosmischen Drama mitzuspielen und dabei ruhigen, ausgeglichenen Geistes zu bleiben.

Der geistige Sucher sollte seine durch weltliche Tätigkeit hervorgerufene Unruhe durch die Ruhe der Meditation ausgleichen.

————•=•————

Lernt, euch in dieser Welt zu betätigen und konstruktive Arbeit zu leisten. Doch sobald ihr eure Pflichten erledigt habt, schaltet den summenden Motor ab. Zieht euch in euer Inneres zurück, das voller Ruhe ist. Sagt euch immer wieder: »Ich bin ruhig. Ich bestehe nicht nur aus mechanisch arbeitenden Nerven; ich bin GEIST. Auch wenn ich in diesem Körper wohne, lasse ich mich von ihm nicht beeinflussen.« Wenn euer Nervensystem ruhig ist, werdet ihr in allem, was ihr unternehmt, Erfolg haben; und vor allem werdet ihr bei Gott Erfolg haben.

Vereinfacht euer Leben ...

Der heutige Mensch findet sein Vergnügen darin, immer mehr besitzen zu wollen, und es ist ihm gleich, was mit anderen Menschen geschieht. Ist es aber nicht besser, einfach zu leben – ohne so viele Luxusgüter, aber mit viel weniger Sorgen? Es lohnt sich gewiß nicht, wenn ihr euch derart aufreibt, daß ihr euch an dem, was ihr habt, gar nicht mehr freuen könnt.

———◆———

Ihr müßt viel Zeit und Energie aufwenden, um eure vielen Besitztümer in gutem Zustand zu erhalten. Es ist wirklich so: Je mehr unnötige »Notwendigkeiten« ihr besitzt, um so weniger Frieden habt ihr. Und je weniger ihr von eurem Besitz besessen seid, um so mehr Glück wird euch zuteil.

———◆———

Laßt euch nicht in die Maschinerie der Welt verstricken. Sie ist zu aufreibend. Wenn ihr endlich das erreicht, was ihr angestrebt habt, sind die Nerven zerrüttet, ist das Herz geschädigt und tun die Knochen weh.

———

Was der Mensch dringend braucht, ist dies: mehr Zeit, um sich an der Natur zu freuen, sein Leben zu vereinfachen und alle eingebildeten Notwendigkeiten aufzugeben; mehr Zeit, um sich an dem zu freuen, was er tatsächlich zum Leben braucht, seine Kinder und Freunde besser kennenzulernen und vor allem *sich selbst* und den Gott, der ihn erschaffen hat, zu erkennen.

Abgeschiedenheit ist der Preis für wahre Größe

Wenn ihr am Ende des Tages eure Pflichten getan habt, setzt euch ruhig hin und zieht euch von anderen zurück. Nehmt ein gutes Buch zur Hand und lest aufmerksam darin. Dann meditiert lange und tief. Auf diese Weise werdet ihr viel mehr Frieden und Glück finden, als wenn ihr euch in ruhelose Tätigkeit stürzt und eure Gedanken wild in alle Richtungen schweifen laßt. …

Wenn ihr es euch zur Gewohnheit macht, zu Hause allein zu meditieren, werdet ihr große Kraft und großen Frieden in euch einströmen fühlen. Und diese werden euch sowohl während eurer Tätigkeit als auch in der Meditation begleiten. Abgeschiedenheit ist der Preis, den man für wahre Größe zahlen muß.

———◆———

Sucht euch einen ruhigen Ort, an den ihr

euch regelmäßig zurückziehen könnt, um allein zu sein und an Gott zu denken. Wenn ihr aber mit anderen Menschen zusammen seid, bemüht euch um ein herzliches Einvernehmen mit ihnen. Schenkt ihnen eure Liebe und Aufmerksamkeit. Doch nehmt euch auch immer Zeit, mit Gott allein zu sein.

—◆—

Jeder Mensch braucht Zeit zur inneren Einkehr – braucht eine Quelle der Kraft und des Schweigens, in die er tief eintauchen kann, um sich vom Brunnen der Unendlichkeit erquicken zu lassen.

Der geistige Wert des Sabbat ...

Sechs ganze Tage und Nächte ein mechanisches Dasein zu führen und einen Tag (den Sonntag) teilweise dem inneren Selbst zu widmen, das ist kein ausgeglichenes Leben. Die Woche sollte aus Arbeit, Unterhaltung und geistiger Entwicklung bestehen: Fünf Tage sollte man brauchen, um Geld zu verdienen, einen Tag sollte man der Ruhe und Unterhaltung widmen und mindestens einen Tag der Innenschau und inneren Erkenntnis.

———————

»Gedenke des Sabbattags, daß du ihn heiligest.« Von den sieben Tagen der Woche widmen die meisten Menschen Gott nicht einmal einen Tag. Es liegt in eurem eigenen Interesse, wenn ihr Ihm einen Tag in der Woche widmet. Sonntag ist der Tag der Sonne – der strahlende Tag der Weisheit. Viele nutzen ihn nie dazu, an

Gott zu denken, obgleich das der Weg der höchsten Weisheit ist. Wenn ihr euch an diesem Tag eine Zeitlang in die innere Stille zurückzieht und sie genießt, werdet ihr feststellen, wieviel wohler ihr euch danach fühlt. Haltet den Sabbat ein! Er träufelt Balsam auf die Wunden, die euch die anderen sechs Tage geschlagen haben. Jeder sollte einen Tag der Woche im geistigen »Krankenhaus« verbringen, um die Wunden der Seele heilen zu lassen.

Betrachtet den Sabbat nicht als eine euch auferlegte Pflicht; genießt ihn! Wenn ihr ihn zu einem Tag des Friedens, der Freude und der Genügsamkeit macht, werdet ihr ihn freudig herbeisehnen.

———•———

Ihr werdet überrascht sein, was das Alleinsein mit Gott dem Körper, dem Geist und der Seele bringen kann.

Die indischen Weisen raten nicht nur dazu, einen Tag der Woche in Abgeschiedenheit zu verbringen, sondern behaupten auch, daß es nötig sei, viermal am Tag in die Stille zu gehen. Am frühen Morgen, bevor ihr aufsteht und mit anderen zusammenkommt, bleibt eine Zeitlang in tiefem Frieden allein. Mittags setzt euch wieder eine Weile ruhig hin, bevor ihr eure Mahlzeit einnehmt, und vor dem Abendessen gönnt euch ebenfalls eine Pause des Friedens. Vor dem Schlafengehen taucht dann wieder in das tiefe Schweigen. Wer regelmäßig zu diesen vier Tageszeiten in die Stille geht, wird ganz von selbst Gottverbundenheit erlangen. Wenn ihr es allerdings nicht viermal am Tag einrichten könnt, solltet ihr Gott wenigstens jeden Morgen und Abend einige Zeit widmen. Tut ihr dies, wird sich euer Leben ändern, und ihr werdet viel glücklicher.

———◆———

Zieht euch viermal am Tag in das innere Schweigen zurück und denkt voller Liebe und Sehnsucht: »Ich tauche jetzt in die Unendlichkeit ein. ›Offenbare Dich, Vater, offenbare Dich!‹« Versucht, Seinen Frieden und Seine Nähe zu fühlen. Versenkt Geist und Körper in diesen Frieden, dann werdet ihr mehr Erfolg im Leben haben. Der ruhige Mensch macht nicht so leicht Fehler. Während tausend andere scheitern, ist er erfolgreich. Ihr müßt ruhig sein, um Erfolg zu haben. Wer den Sabbat nicht so begeht, daß er diesen göttlichen Frieden fühlt, leidet oft unter schwankenden Stimmungen und wird schließlich zu einem Nervenbündel. Durch die Tore des Schweigens erreicht euch das heilende Sonnenlicht der Weisheit und des Friedens.

Ruhe führt bei allem, was man tut, zu Harmonie und gutem Urteilsvermögen ...

Ein ruhiger Mensch nimmt seine Umgebung mit all seinen Sinnen wahr. Ein ruheloser Mensch dagegen bemerkt nichts, gerät deshalb mit sich und seiner Umwelt in Schwierigkeiten und mißversteht alles. Ein ruhiger Mensch ist geistesgegenwärtig und hat immer ein harmonisches Verhältnis zu anderen; er ist glücklich und verliert nie seine Ruhe. Laßt euch nie zur Ruhelosigkeit verleiten. Konzentriert euch immer auf das, was ihr tut.

———◆———

Unterscheidungskraft ist ein natürlicher Ausdruck der Weisheit; doch sie hängt unmittelbar von der inneren Ausgewogenheit ab, von einem ausgeglichenen Geist. Ein disharmonischer Geist kennt keinen Frieden; und ohne Frieden fehlt es ihm auch an Urteilskraft und Weisheit.

Das Leben versetzt dem Menschen viele Schläge und Püffe. Wenn ihr in Zeiten der Prüfungen, die scharfe Urteilskraft erfordern, euer geistiges Gleichgewicht bewahren könnt, werdet ihr siegreich daraus hervorgehen. Innere Ausgeglichenheit ist euer größter Helfer, der es euch ermöglicht, die Bürden des Lebens zu tragen.

———— ⋇ ————

Viele Leute denken, daß man nur entweder ruhelos oder langsam arbeiten könne. Doch dem ist nicht so. Wer ruhig bleibt und sich tief konzentriert, kann all seine Aufgaben im richtigen Tempo erfüllen. Die Kunst richtiger Tätigkeit besteht darin, sowohl langsam als auch schnell arbeiten zu können, ohne seinen inneren Frieden zu verlieren. Man muß sich immer in der Hand haben und in Frieden arbeiten können, ohne sein inneres Gleichgewicht zu verlieren.

Ein ausgeglichener Mensch spiegelt in seinen Augen Ruhe, in seinem Gesicht Intelligenz und in seinem Geist richtige Empfänglichkeit wider. Er kann Entscheidungen treffen und prompt handeln, aber er läßt sich nicht von plötzlich auftauchenden impulsiven Gefühlen und Wünschen regieren. Ein ruheloser Mensch gleicht einer Marionette, die durch die Fäden emotioneller Wünsche gelenkt wird und leicht von anderen in Versuchung geführt werden kann. Achtet darauf, daß ihr – sei es langsam oder schnell – immer in einem Zustand innerer Ruhe arbeitet.

Öffnet die Pforten der Stille und laßt das Schweigen in den Tempel all eurer Tätigkeit eintreten. Kommt allen Pflichten fröhlich und friedlich nach. Dann werdet ihr hinter eurem eigenen Herzschlag den Pulsschlag göttlichen Friedens fühlen.

V

Frieden im täglichen Leben: Wichtige Grundsätze und Übungen

Wenn ihr ständig Schecks ausstellt, ohne etwas auf euer Konto einzuzahlen, geht euch schließlich das Geld aus. So ist es auch mit dem Leben. Wenn ihr nicht regelmäßig Einzahlungen des Friedens auf das Konto eures Lebens vornehmt, werdet ihr bald keine Kraft, keine Ruhe und kein Glück mehr haben. Schließlich erlebt ihr dann den geistigen, körperlichen und seelischen Bankrott. Tägliche Verbindung mit Gott jedoch wird euer inneres Bankkonto immer wieder auffüllen.

Jeder kennt Zeiten, wo er mehr oder weniger nervös ist, ohne zu wissen, warum. ... Ruhelosigkeit und Gefühlserregungen ziehen zuviel Energie in die Nerven, so daß diese sich abnutzen. Nach vielen Jahren zeigen sich die nachteiligen Wirkungen dieser Nervosität. Die Nerven sind sehr widerstandsfähig – Gott hat sie so erschaffen, weil sie ein ganzes Leben lang halten müssen –, aber sie brauchen gute Pflege. Wenn ihr das Nervensystem nicht mehr überbelastet, wie im Tiefschlaf oder im ruhigen Zustand der Meditation, seid ihr auch nicht mehr nervös.

Nervosität läßt sich heilen. Wer darunter leidet, muß seinen Zustand bereitwillig untersuchen und die zerstörerischen Emotionen und negativen Gedanken, die ihn allmählich zerrütten, beseitigen. Wenn man seine eigenen

Probleme objektiv untersucht und in jeder Lebenslage Ruhe bewahrt, kann man auch den hartnäckigsten Fall von Nervosität heilen.

———•———

Prüft euch einmal selbst, ob ihr nervös seid; und dann stellt fest, was euch so nervös macht.

Ursachen von Streß und Nervosität ...

Fortwährende Aufregungen oder Überreizung der Sinne stören unser inneres Gleichgewicht und führen zu Nervosität.

Wer ständig negative Gedanken und Gefühle hegt – Furcht, Zorn, Trübsinn, Gewissensbisse, Neid, Kummer, Haß, Unzufriedenheit und Sorgen – und wem es an den Voraussetzungen für ein glückliches Leben mangelt – wie richtiger Nahrung, körperlicher Bewegung, frischer Luft, Sonnenschein, einer befriedigenden Arbeit und einem Ziel im Leben –, kann leicht nervenkrank werden.

Jede heftige oder anhaltende Aufregung, sei sie geistiger, emotioneller oder körperlicher Art, stört die Lebenskraft, so daß diese nicht mehr gleichmäßig durch die sensorischen und motorischen Nerven und die Sinne fließen kann. Wenn wir eine gewöhnliche Glühbirne mit einer Stromquelle von 2000 Volt verbinden, brennt die Birne durch. In ähnlicher Weise ist unser Nervensystem nicht fähig, die zerstörerische Kraft heftiger Gemütsbewegungen oder ständiger negativer Gedanken und Gefühle auszuhalten.

Eine andere Ursache von Nervosität, die euch vielleicht gar nicht bewußt sein mag, ist der stundenlang anhaltende Lärm des Radios oder Fernsehers. Alle Geräusche rufen eine gewisse Reaktion in den Nerven hervor.[1] Ein Versuch, der auf der Polizeidienststelle in Chicago

---

[1] Viele Forscher haben die nachteiligen Auswirkungen von Lärm auf die Gesundheit des Menschen beschrieben, darunter auch Dr. Samuel Rosen, Professor für Hals-, Nasen- und Ohrenheilkunde an der Columbia-Universität. Er schrieb: »Es ist bekannt, daß Lärm unwillkürliche Reaktionen in demjenigen hervorruft, der ihm ausgesetzt ist: Die Blutgefäße ziehen sich zusammen, die Haut wird blaß, die willkürlichen und unwillkürlichen Muskeln verkrampfen sich, und es findet ein plötzlicher Adrenalin-Ausstoß in das Blut statt, der die Anspannung der Muskeln, die Nervosität, die Reizbarkeit und die Angst erhöht.«

gemacht worden ist, zeigte, daß die Menschen Jahre länger leben könnten, wenn sie nicht dem Bombardement von Geräuschen ausgesetzt wären, das in unserer heutigen Zeit und besonders in den Großstädten vorherrscht. Lernt das Schweigen zu schätzen. Hört euch nicht stundenlang Radio- oder Fernsehsendungen an und laßt die Apparate nicht gedankenlos die ganze Zeit im Hintergrund dröhnen.

———

Alle Arten von Fleisch, das von höherentwickelten Tieren stammt, besonders Rind- und Schweinefleisch, schädigen das Nervensystem; sie machen überaktiv und aggressiv. Vermeidet zu viele Stärkeprodukte, besonders Nahrungsmittel aus weißem Mehl. Nehmt Vollkornprodukte, Quark und viel Obst, Obstsäfte und frisches Gemüse zu euch – diese sind wichtig. Es versteht sich von selbst, daß alkoholische Getränke und Rauschgifte das Nervensystem zerstören; meidet sie also.

Ein Yogi-Trunk, der sehr gut für das Nervensystem ist, besteht aus frischem Limettensaft in einem Glas Wasser mit gemahlenem Kandiszucker. Das Ganze sollte gut vermischt und ausgewogen sein, so daß weder der saure noch der süße Geschmack überwiegt. Ich habe dies schon vielen Leuten empfohlen, und es hat ihnen vorzüglich geholfen.

Vergeßt auch nicht, daß Nervosität am schnellsten geheilt werden kann, wenn wir unser Leben auf Gott einstellen.

Die göttlichen Gesetze inneren Friedens und innerer Freude ...

Die Sittlichkeit neigt, ähnlich wie das Chamäleon, dazu, die Farbe der jeweiligen gesellschaftlichen Umgebung anzunehmen; doch die unergründlichen Naturgesetze, mit denen Gott Seine Schöpfung aufrechterhält, bleiben sich immer gleich und sind nicht von den Beschlüssen des Menschen abhängig.

—◆—

Das Glück hat seine Wurzeln in Sittlichkeit und Göttlichkeit.

—◆—

Wer gegen das göttliche Gesetz verstößt, bezahlt das mit dem Verlust seines inneren Friedens.

—◆—

Filmstars und andere berufliche Unterhaltungskünstler gelten als die bewundernswertesten Menschen Amerikas. Warum aber wird ihr persönliches Leben so oft von Unglück heimgesucht, warum gibt es bei ihnen so viele Ehescheidungen? Die meisten von ihnen leben hauptsächlich von nervöser Energie, die sich auf die Sinne konzentriert. Zu vieles Essen, wahlloser Geschlechtsverkehr, Rauschzustände durch Alkohol und Drogen – sie alle erzeugen ein trügerisches Glücksgefühl.

───◆───

[Die sittlichen Gesetze] bringen Körper und Geist mit den göttlichen Naturgesetzen, oder der Schöpfung, in Einklang und schenken dem Gottsucher inneres und äußeres Wohlergehen, Glück und Kraft.

───◆───

Deshalb bringt uns ein sittlicher Erfolg – das heißt: Freiheit von der Tyrannei schädlicher Gewohnheiten und Triebe – mehr Glück als materieller Erfolg. Sittlicher Erfolg führt zu einem seelischen Glück, das durch keine körperlichen Bedingungen beeinträchtigt werden kann. ... Denkt und handelt so, daß ihr wahrhaft glücklich werdet.

———— ·•· ————

Wer innerlich zufrieden ist, lebt richtig. Glück stellt sich nur dann ein, wenn man richtig handelt.

Nervosität ist eine Zivilisationskrankheit ...

Nervosität ist eine Zivilisationskrankheit. Ich entsinne mich noch, wie einige von uns eines Morgens zum Pikes Peak in Colorado hinauffuhren. Andere überholten uns mit ihren Wagen auf dem steilen, sich hinaufschlängelnden Weg. Ich nahm an, daß sie sich so beeilten, weil sie zum Gipfel des Berges gelangen wollten, um den Sonnenaufgang zu sehen. Zu meinem größten Erstaunen jedoch waren wir, als wir ankamen, die einzigen, die draußen waren und sich das Schauspiel ansahen. All die anderen waren im Restaurant, tranken Kaffee und aßen Krapfen. Könnt ihr euch das vorstellen? Sie sind eiligst zur Bergspitze hinaufgefahren und dann wieder eiligst umgekehrt, nur damit sie den anderen zu Hause stolz erzählen konnten, sie seien da oben gewesen, sie hätten auf dem Pikes Peak Kaffee und Krapfen genossen. So etwas ist ein Zeichen reiner Nervosität.

———•◦•———

Wir sollten Zeit dafür finden, uns an allem zu freuen – an Gottes Schönheit in der Natur, an all den Wohltaten des Lebens –, aber wir sollten unnötige Aufregungen, Ruhelosigkeit und plötzliche Gefühlsausbrüche vermeiden, weil sie das Nervensystem verbrennen.

———•◦•———

Wenn ihr euer Leben in ständiger Erregung verbringt, werdet ihr nie wahres Glück kennen. Lebt einfach und nehmt das Leben nicht so schwer. Wahres Glück besteht darin, sich Zeit zum Nachdenken und zur Innenschau zu nehmen. Zieht euch hin und wieder von allem zurück und erfreut euch der Stille.

Überwindung von Sorgen ...

Ihr solltet jeden Morgen und Abend all eure Sorgen fallen lassen und völliges Schweigen bewahren. Zu solchen Zeiten versucht beharrlich, wenigstens eine Minute lang nicht an eure Probleme zu denken. Konzentriert euch statt dessen auf den inneren Frieden. Dann versucht euch mehrere Minuten lang auf diesen inneren Frieden zu konzentrieren. Denkt an irgendein glückliches Erlebnis und ruft es euch bildhaft in Erinnerung. Durchlebt dieses angenehme Ereignis immer wieder, bis ihr eure Sorgen völlig vergessen habt.

Wenn wir wüßten, welche Auswirkungen die Bürden haben, die wir unserem Geist auferlegen, würden wir uns wundern, daß wir nicht schon längst einen Nervenzusammenbruch erlitten haben. Denn wenn wir unseren Geist mit allen möglichen Sorgen und Ängsten belasten, wird diese Last uns bald erdrücken. Angst überfällt uns, und wir verlieren unsere innere Ruhe und unser seelisches Gleichgewicht.

Das Problem liegt darin, daß wir nicht nur in der Gegenwart leben, sondern auch versuchen, gleichzeitig in der Vergangenheit und in der Zukunft zu leben. Diese Last ist zu schwer für den Geist; wir müssen ihn also davon befreien. Die Vergangenheit ist vorbei. Warum sie in Gedanken noch mit uns herumschleppen? Wir sollten den Geist nur jeweils mit einem Problem beschäftigen.

Ein Schwan frißt nur die festen Stoffe aus der Flüssigkeit, die er mit seinem Schnabel aufschlürft. So sollten auch wir nur an die Lehre denken, die wir aus der Vergangenheit gezogen haben und die unnötigen Einzelheiten vergessen. Das wird den Geist weitgehend entlasten und alle Sorgen vertreiben.

Sorgen lassen sich mit Insekten vergleichen, die am Inneren einer Blume saugen. Wenn sich die Blütenblätter schließen, sterben sowohl die Blume als auch das Insekt. Sorgen zehren all unsere innere Kraft auf, ohne daß wir uns dessen bewußt werden. Wenn wir plötzlich merken, was geschehen ist, so hat der Schaden bereits schwerwiegende Auswirkungen auf unser Nervensystem hervorgerufen.

———•—•———

Wenn wir zuviel auf einmal zu tun haben, lassen wir uns entmutigen. Anstatt sich um das zu sorgen, was getan werden müßte, sagt ganz einfach: »Diese Stunde gehört mir. Ich werde mein möglichstes tun.« Die Uhr kann nicht 24 Stunden in einer Minute wegticken, und ihr könnt in einer Stunde nicht das tun, was ihr sonst in 24 Stunden schafft. Lebt jeden Augenblick ganz in der Gegenwart, dann wird die Zukunft für sich selber sorgen. Kostet das Wunder und die Schönheit jedes Augenblickes aus. Übt euch darin, den Frieden zu fühlen. Je mehr ihr das tut, um so machtvoller werdet ihr die Wirkung dieser Kraft in eurem Leben spüren.

⊷•⊶

Anstatt eure Zeit damit zu vergeuden, euch Sorgen zu machen, denkt lieber positiv und versucht, die Ursache des Problems zu beseitigen. Wenn ihr eure Sorgen loswerden wollt, denkt ruhig über eure Schwierigkeiten nach und prüft genau die Vor- und Nachteile; dann plant den nächsten Schritt, den ihr tun müßt, um euer Ziel zu erreichen.

⊷•⊶

Vergeßt die Vergangenheit, denn sie gehört

nicht mehr zu euch! Vergeßt die Zukunft, denn sie befindet sich außerhalb eurer Reichweite! Meistert die Gegenwart! Lebt jetzt nach den höchsten Grundsätzen! Das wird die dunkle Vergangenheit reinwaschen und die Zukunft dazu zwingen, strahlend hell zu werden. Nach diesem Grundsatz leben die Weisen.

Überwindung von Angst ...

Werft alle Angst ab. Was gibt es schon zu fürchten? Selbst ein wenig Angst, wie das unbegründete beklemmende Gefühl in der Dunkelheit oder die Sorge um das, was geschehen *könnte*, beeinträchtigt die Nerven mehr, als ihr ahnt.

———◆———

Habt nie vor irgend etwas Angst. Die Angst ist eine Art Nervosität. Solange ihr nicht tot seid, lebt ihr noch; warum sich also fürchten? Und wenn ihr tot seid, ist alles vorüber, und ihr könnt euch nicht mehr daran erinnern. Warum sich also ängstigen?

———◆———

Angst entsteht im Herzen. Jedesmal, wenn ihr große Angst vor Krankheiten oder Unfällen habt, solltet ihr mehrmals tief, langsam und rhythmisch ein- und ausatmen und euch bei jeder Ausatmung entspannen. Das normalisiert den Kreislauf. Wenn euer Herz völlig ruhig geworden ist, fühlt ihr keine Angst mehr.

Die Erkenntnis, daß alle Kraft des Denkens, Sprechens, Fühlens und Handelns von Gott kommt und daß Er immer bei uns ist, daß Er uns inspiriert und leitet, kann uns augenblicklich von aller Nervosität befreien. Dann flammt oft göttliche Freude in uns auf; und zuweilen wird uns eine größere Erleuchtung zuteil, so daß wir uns so etwas wie Furcht gar nicht mehr vorstellen können. Wie ein gewaltiges Meer ergießt sich Gottes machtvolle reinigende Flut in unser Herz und schwemmt alle Hindernisse – irreführende Zweifel, Nervosität und Furcht – hinweg. Die

Täuschung der Materie – das Bewußtsein, nichts als ein sterblicher Körper zu sein – verliert sich, wenn man mit der seligen Abgeklärtheit des GEISTES in Berührung kommt, und das läßt sich durch tägliche Meditation erreichen. Dann wißt ihr, daß der Körper eine kleine Energiewelle in Seinem Kosmischen Meer ist.

Überwindung von Ärger durch inneren Frieden

Freisein von Zorn ist der schnellste Weg zum inneren Frieden.

Ärger entsteht durch vereitelte Wünsche. ... Wer nichts von anderen erwartet, sondern alle Erfüllung bei Gott sucht, kann nie zornig auf seine Mitmenschen werden und ist auch nie von ihnen enttäuscht. Ein Weiser ist immer zufrieden, weil er erkannt hat, daß Gott dieses Universum regiert. ... Er ist frei von Zorn, Feindseligkeit und Rachegefühlen.

———◆———

Frieden *(Shanti)* ist eine göttliche Eigenschaft. ... Wer den »Frieden Gottes« besitzt, »welcher höher ist denn alle Vernunft«[2], gleicht einer lieblichen Rose, die überall den Duft der Ruhe und Harmonie verbreitet.

2 *Philipper* 4, 7.

———•◦•———

Wenn ihr in Frieden und Eintracht leben wollt, konzentriert euch auf göttliche Ruhe und göttlichen Frieden und sendet nur Gedanken der Liebe und des Wohlwollens aus. Ärgert euch nie, denn der Ärger vergiftet euren Körper. Versucht die Menschen, die euch Schwierigkeiten bereiten, zu verstehen; und immer wenn euch jemand wütend machen will, sagt euch innerlich: »Ich fühle mich zu wohl, um mich zu ärgern. Ich will mich nicht durch Ärger krank machen lassen.«

———•◦•———

Wenn ihr ärgerlich seid, sagt am besten gar nichts. Ihr müßt erkennen, daß dies eine Krankheit ist – ähnlich wie eine aufkommende Erkältung; dann muß euer Geist ein »warmes Bad« nehmen, und zwar mit den richtigen

Gedanken. Vergegenwärtigt euch solche Menschen, auf die ihr nie ärgerlich sein könntet, ganz gleich, wie sie sich benehmen. Wenn ihr unter heftigen Gefühlsausbrüchen leidet, nehmt eine kalte Dusche oder legt euch Eisstücke auf das verlängerte Mark, auf die Schläfen dicht über den Ohren und auf die Stirn (hauptsächlich zwischen den Augenbrauen) und auf den Scheitel. ...

Ärger ist Gift für den Frieden und die Ruhe. ... Verhaltet euch denen gegenüber gleichgültig, die offensichtlich Spaß daran finden, euch zum Zorn zu reizen. Wenn ihr Ärger in euch aufsteigen fühlt, stellt eure innere Verfassung auf Ruhe um; dadurch wird das Gegengift des Friedens, der Liebe und Vergebung wirksam und treibt allen Ärger aus. Habt liebevolle Gedanken und gesteht euch ein, daß ihr es selbst nicht leiden könnt, wenn andere ärgerlich auf euch sind; deshalb solltet ihr auch anderen nicht zumuten, unter eurem unausstehlichen Ärger zu leiden. ...

Bemüht euch um eine philosophische Einstellung und werft allen Ärger ab. Betrachtet alle, die euch Ärger verursachen, als Kinder Gottes. Wenn euer fünfjähriger Bruder euch versehentlich verletzt, würdet ihr den kleinen Bruder doch nicht ebenfalls verletzen wollen. Überwindet euren Zorn und sagt euch: »Ich will meinen inneren Frieden nicht durch Zorn vergiften; ich will meine heitere Ruhe nicht durch irgendwelchen Ärger trüben lassen.«

———•———

Denkt immer daran, daß ihr über alles und alle siegen könnt, wenn ihr in jeder Lebenslage innerlich ruhig bleibt. Wahre Ruhe bedeutet, daß Gott bei euch ist. Wenn ihr ruhelos werdet, reizt ihr die Menschen, und sie ärgern sich über euch. Und das macht euch unglücklich. ...

Wenn jemand euch in Schwierigkeiten bringen will, sagt euch innerlich: »Ich bin Frieden, ich bin Ruhe«, und sagt es mit tiefer Konzentration. Wie sehr andere euch auch aufzubringen versuchen, haltet an diesem Frieden fest. Dann werden eure Nerven ruhig bleiben.

Wenn irgend jemand euch ärgerlich machen kann, habt ihr noch nicht vollkommene Ruhe erlangt. Doch auch wenn ihr eure Ruhe bewahrt, dürft ihr andere nicht auf euch herumtrampeln lassen. Manchmal ist es nötig, anderen zu verstehen zu geben, daß ihr es ernst meint. Ihr seid ein Kind Gottes und solltet nie ärgerlich werden. Je öfter ihr eure Beherrschung verliert, um so länger werdet ihr im täuschenden sterblichen Bewußtsein verharren. Doch wenn ihr innerlich ruhig bleibt, bringt ihr damit die Ausgeglichenheit eines wahren Gotteskindes zum Ausdruck.

Frieden im eigenen Heim ...

Wenn ihr das Reservoir eures seelischen Friedens entdeckt habt, werden euch die Widersprüche des Lebens immer weniger niederdrücken.

———

Ganz gleich, welche Prüfungen auf euch zukommen, denkt immer daran, daß die größte geistige Prüfung darin besteht, sich seinen eigenen Angehörigen gegenüber beherrschen zu können – besonders dann, wenn es sich um disharmonische Familienverhältnisse handelt. Wenn der eigene innere Frieden auch im eigenen Familienkreis standhält und man die Streitsucht anderer durch ständige Güte und unermüdliche Liebe besiegen kann, ist man zu einem wahren Friedensfürsten geworden.

———

Macht euer Haus zu einem Ort des Friedens.

—•◦•—

Wenn euer Ehepartner ärgerlich wird und euren Zorn entflammt, geht kurz spazieren und beruhigt euch, bevor ihr darauf reagiert. Wenn der Partner beleidigende Worte gebraucht, antwortet nicht auf dieselbe Weise. Es ist besser, ruhig zu bleiben, bis die Wut des anderen abgeklungen ist. ... Laßt euch von niemandem euren Frieden rauben; und nehmt auch anderen nicht ihren Frieden, indem ihr häßliche Worte gebraucht. ...

Wenn eure Frau euch anschreit und ihr zurückschreit, leidet ihr zweimal darunter – einmal durch ihre harten Worte und dann durch eure eigenen. Ihr schadet euch selbst am meisten. Am Ende des Streits fühlt ihr euch völlig ausgelaugt. Deshalb gibt es so viele Ehescheidungen.

Ich bin der Meinung, daß niemand heiraten sollte, bevor er gelernt hat, seine Gefühle weitgehend zu beherrschen. Man sollte die jungen Menschen diese Kunst in der Schule lehren und ihnen zeigen, wie man Ruhe und Konzentration erlangt. Die Familien in Amerika zerbrechen, weil dies nicht gelehrt wird – weder zu Hause noch in den Schulen. Wie können zwei Menschen, die an eine nervenaufreibende Tätigkeit gewöhnt sind, zusammenleben, ohne sich durch ihre Nervosität auf die Nerven zu fallen? In der ersten Zeit der Ehe schwelgen Braut und Bräutigam in begeisterten Gefühlen und ihrer Leidenschaft. Doch später, wenn diese unweigerlich abklingen, beginnt sich das wahre Wesen des Paares zu zeigen, und es kommt zu Streit und Enttäuschung.

Das Herz braucht wahre Liebe, Freundschaft und vor allem Frieden. Wird der Frieden durch Gefühle zerstört, so ist der körper-

liche Tempel entweiht. Ein gesundes Nervensystem hält alle körperlichen Organe und alle
Gefühle im Gleichgewicht. Und um das Nervensystem gesund zu erhalten, muß man es
vor zerstörerischen Gefühlen wie Angst, Zorn,
Gier und Eifersucht bewahren.

——•——

Diese ätzenden geistigen Parasiten nagen
an jeder Lebensfaser. Sie verbrennen und zerstören den inneren Frieden – unseren größten
Reichtum.

Seid nicht reizbar oder überempfindlich ...

Überempfindlichkeit macht sich durch mangelnde Herrschaft über das Nervensystem bemerkbar. Wenn man das Gefühl hat, verletzt worden zu sein, rebellieren die Nerven dagegen. Manche Personen kochen dann innerlich vor Wut und vor verletzten Gefühlen, ohne daß sie sich dies nach außen hin anmerken lassen. Andere verschaffen ihren Gefühlen sofort durch eine entsprechende Bewegung der Augen- und Gesichtsmuskeln Ausdruck – oft auch durch eine scharfe Bemerkung. Auf jeden Fall macht solche Gereiztheit den Menschen unglücklich und erzeugt eine negative Schwingung, die auch andere nachteilig beeinflußt. Wir sollten es uns zum Ziel setzen, immer eine Aura der Güte und des Friedens um uns herum zu verbreiten. Auch wenn ein triftiger Grund vorliegt, sich wegen schlechter Behandlung aufzuregen, sollte man sich dennoch beherrschen; dann ist man Herr seiner selbst.

———

Wer schweigend über irgendein ihm angetanes Unrecht brütet, erreicht dadurch gar nichts. Viel besser ist es, durch Selbstbeherrschung die Ursache der eigenen Empfindlichkeit zu beseitigen.

———

Wenn irgend etwas euch bedrückt, ganz gleich, wie sehr ihr eure unglückliche Stimmung rechtfertigen mögt, könnt ihr sicher sein, daß ihr überempfindlich reagiert und das nicht zulassen dürft. Überempfindlichkeit ist eine ungeistige und nervöse Gewohnheit – eine Gewohnheit, die euren Frieden und euer Glück zerstört, so daß ihr nicht mehr Herr euer selbst seid. Immer wenn sich Launen oder Empfindlichkeit in euer Herz einschleichen, ist dies eine Störung, die verhindert, daß ihr das göttliche, heilende Lied des Friedens hören könnt, das im Radio eurer Seele erklingt. Immer wenn ihr empfindlich werdet, versucht sofort, dieses Gefühl zu überwinden.

⋅⋅⋆⋅⋅

Wenn ihr euch fest vornehmt, niemals euren inneren Frieden zu verlieren, könnt ihr Göttlichkeit erlangen. Bewahrt euch im eigenen Herzen eine geheime Kammer des Schweigens, in die ihr keine Launen, Versuchungen, Kämpfe oder Unstimmigkeiten einlaßt. Verwehrt allem Haß, allen Rachegedanken und Wünschen den Eintritt. In dieser Kammer des Friedens wird Gott euch besuchen.

⋅⋅⋆⋅⋅

Das Gesicht spiegelt den inneren Zustand der Seele wider; und das Herz, die Quelle der Gefühle, ruft diese Widerspiegelung hervor. Euer Gesicht sollte andere inspirieren können. Der Ausdruck eures Gesichts sollte einem Leuchtfeuer gleichen, dem andere folgen können – einem Leuchtturm, der den schiffbrüchigen Seelen den Weg zur Sicherheit, zum Hafen des Friedens zeigt.

Bestätigungen

Bestätigt euch jeden Tag: »Ich will weder träge noch fieberhaft tätig sein. Ich will in jeder schwierigen Situation mein Bestes tun und mich nicht um die Zukunft sorgen.«

———✦———

Erkennt, daß der unendliche Himmlische Vater jederzeit gegenwärtig ist. Sagt Ihm: »O Herr, im Leben und im Tod, in Gesundheit und Krankheit will ich mir keine Sorgen machen, denn ich bin ewig Dein Kind.«

VI

Weisheit führt zu innerem Frieden

$\mathcal{D}$as Leben ist, was seine Beschaffenheit und seinen Sinn anbelangt, ein schwieriges, aber nicht unlösbares Rätsel. Aufgrund unseres fortschrittlichen Denkens kommen wir täglich einigen seiner Geheimnisse auf die Spur. Die wissenschaftlich und genau berechneten Maschinen dieses neuen Zeitalters sind gewiß bemerkenswert. Durch die immer zahlreicheren Entdeckungen der Physik erhalten wir eine klarere Vorstellung davon, wie wir uns das Leben angenehmer machen können. Doch trotz all unserer Geräte, Berechnungen und

Erfindungen scheinen wir dennoch Spielbälle in den Händen des Schicksals zu sein; wir sind noch weit davon entfernt, uns unabhängig von der Herrschaft der Natur zu machen.

Wenn wir aber ständig von der Gunst der Natur abhängig sind, ist dies keine wahre Freiheit. Unsere Begeisterung erleidet eine starke Abkühlung, wenn wir den Überschwemmungen, Orkanen und Erdbeben hilflos gegenüberstehen; oder wenn uns plötzlich, ohne ersichtlichen Grund, unsere Angehörigen durch Krankheit oder Unfall entrissen werden. Dann erkennen wir, daß wir in Wirklichkeit gar nicht viel erreicht haben. Trotz all unserer Bemühungen, das Leben so zu gestalten, wie wir es möchten, bringt uns dieser Planet immer noch in zahllose Situationen, die von einer unbekannten, ohne unser Dazutun wirkenden Intelligenz geleitet werden und auf die wir keinen Einfluß haben. Das einzige, was wir tun können, ist arbeiten und unsere Lage irgendwie verbessern. Wir säen den Weizen und stellen daraus das Mehl her; aber wer hat das ursprüngliche Weizenkorn erschaffen? Wir essen das Brot, das von diesem Mehl gemacht wird; aber wer ermöglicht es uns, dies zu verdauen und zu assimilieren?

Trotz unserer Geschicklichkeit scheint es auf allen Lebensgebieten eine unvermeidbare Abhängigkeit vom Göttlichen zu geben, ohne das wir nicht weiterkommen. Trotz all unseres stolzen Wissens führen wir noch ein unsicheres Dasein. Wir wissen nicht, wann unser Herzschlag aussetzen wird. Daher gelangen wir zu dem Schluß, daß es nötig ist, sich furchtlos unserem wahren unsterblichen SELBST und der Höchsten Gottheit anzuvertrauen, denn wir sind ja Ebenbilder des Höchsten SELBST. Ein solcher Glaube, der frei von Egoismus ist, verhilft uns dazu, fröhlich, unbesorgt und ungezwungen vorwärtszustreben.

Vertraut euch furchtlos dieser Höheren Macht an – ganz gleich, ob ihr heute frei und vergnügt seid oder ob ihr morgen an der Grippe erkrankt und euch miserabel fühlt. Werdet nicht schwach! Befehlt eurem Bewußtsein, stark im Glauben zu bleiben. Das SELBST kann von keiner Krankheit angesteckt werden.

———•—•———

Verhaltet euch nicht wie unterwürfige sterbliche Wesen. Ihr seid Kinder Gottes!

———•—•———

Ihr seid Ihm zum Bilde erschaffen. Weder Steine noch Bomben, noch Maschinengewehre, noch Atomwaffen können euch verletzen. Vergeßt nie, daß die beste Zuflucht in der Stille eurer Seele liegt. Wenn ihr in diese Stille eingeht, kann nichts in der Welt euch etwas anhaben ... Dann steht ihr auch inmitten zusammenbrechender Welten fest und unerschütterlich da.

Ihr müßt euer Herz ganz auf Gott richten. Je mehr ihr euren Frieden bei Ihm sucht, desto mehr wird dieser Friede alle Sorgen und alles Leid tilgen.

Betrachtet das Schauspiel des Lebens als ein kosmisches Drama ...

Die *Rishis* im alten Indien hatten den Ursprung des Höchsten Wesens erforscht und erklärten ..., daß diese Welt Gottes *Lila*, Sein göttliches Schauspiel sei. Der Herr, so scheint es, liebt das Spiel wie ein kleines Kind, und Sein *Lila* ist die endlose Vielfalt der ewig wechselnden Schöpfung. ...

Gott erschuf dieses Traum-Universum, um sich und uns zu unterhalten. Ich habe nur eines gegen Gottes *Lila* einzuwenden: »Herr, warum hast Du es zugelassen, daß auch das Leid mit zum Spiel gehört?« Der Schmerz ist etwas so Furchtbares und Quälendes. Er macht das Dasein keinesfalls zu einer Unterhaltung, sondern zu einer Tragödie. Hier hilft uns die Fürsprache der Heiligen. Diese erinnern uns daran, daß Gott allmächtig ist, und sie sagen, daß uns Seine Dramen nicht mehr verletzen, wenn wir uns mit Ihm vereinigen. Wir sind es, die uns selbst Leid zufügen, wenn wir die göttlichen Gesetze übertreten, die das Fundament des ganzen Universums sind. Unsere Erlösung besteht darin, eins mit Ihm zu werden. Wir werden so lange leiden müssen, bis wir uns mit Gott in Einklang bringen und verstehen, daß diese Welt nichts anderes als eine kosmische Unterhaltung ist. Anscheinend ist das Leid eine notwendige disziplinarische Schulung, die uns ermahnt, Gott zu suchen. Sobald wir eins mit Ihm sind, werden auch wir an diesem phantastischen Spiel unsere Freude haben.

———

Ihr seid auf die Welt gekommen, um zu unterhalten und unterhalten zu werden. Deshalb sollte man Meditation und Tätigkeit im Leben miteinander verbinden. Wenn ihr eure innere Ausgeglichenheit verliert, werdet ihr anfällig

für weltliches Leiden. ... Erweckt die euch an-
geborene Kraft des Geistes, indem ihr euch
sagt: »Ganz gleich, welche Erfahrungen ich
durchmache, sie können mich nicht verletzen.
Ich bin immer glücklich.«

Betrachtet das Leben als einen kosmischen
Film, dann werdet ihr seinen magischen Trug-
bildern nicht mehr zum Opfer fallen. Lebt in
der Glückseligkeit Gottes. ... Er hat euch bereits zu dem gemacht, was Er selbst ist. Das
aber wißt ihr nicht und denkt, daß ihr schwa-
che menschliche Wesen seid. Ihr wißt nicht,
daß dieser Gedanke ein Werk der Täuschung
ist.

Gottes Traumschöpfung ist nicht dazu bestimmt, euch Angst einzujagen; sie soll euch

vielmehr zu der Erkenntnis verhelfen, daß sie gar nicht wirklich ist. Warum also vor etwas Angst haben? Jesus sprach: »Steht nicht geschrieben in eurem Gesetz: ›Ich habe gesagt: Ihr seid Götter‹?« (*Johannes* 10, 34)

⸺◆⸺

Ihr seid unsterblich und besitzt immerwährende göttliche Freude. Vergeßt dies nie im Spiel des wechselvollen, irdischen Lebens. Diese Welt ist nichts als eine Bühne, auf der ihr unter der Leitung des Göttlichen Regisseurs eure verschiedenen Rollen spielt. Bemüht euch, sie möglichst gut zu spielen, ob es nun tragische oder heitere Rollen sind; und vergeßt nie, daß eure wahre Natur ewige Glückseligkeit ist – nichts anderes. Das einzige, was euch niemals verlassen wird, wenn ihr den unbeständigen Zustand eures Geistes überwunden habt, ist die Freude eurer Seele.

Bewahrt unerschütterlichen Gleichmut ...

Die Heiligen haben festgestellt, daß man nur dann glücklich ist, wenn man während aller dualistischen Erfahrungen auf dieser Erde einen Geisteszustand unerschütterlichen Friedens bewahrt. Ein unruhiger Geist nimmt all die Veränderungen in der Schöpfung wahr und läßt sich leicht davon irritieren. Doch die wandellose Seele und das ruhige Gemüt schauen hinter den Masken des Wechsels den Ewigen GEIST.

—————

Der Prüfstein für die Weisheit eines Menschen ist sein Gleichmut. Kleine Steinchen, die in den See des Bewußtseins geworfen werden, sollten nicht den ganzen See aufwühlen.

Das Leben ist ein Schauspiel, nehmt es nicht zu ernst ...

Warum die unwesentlichen Einzelheiten des Lebens so ernst nehmen? Was euer Los auf Erden auch sein mag, berauscht euch am inneren Frieden göttlicher Verwirklichung.

———

Ob der Mensch sich aufregt oder ruhig bleibt – das Leben wird weiterhin seinen seltsamen Lauf nehmen. Sorge, Angst und Mutlosigkeit machen die täglichen Bürden nur noch schwerer; mit Heiterkeit, Optimismus und Willenskraft jedoch lassen sich die Probleme lösen. Am besten ist es daher, wenn man das Leben als ein kosmisches Spiel – mit den unvermeidlichen Gegensätzen von Niederlagen und Siegen – betrachtet. Freut euch an den Herausforderungen wie an einem Sport – ganz gleich, ob ihr im Augenblick Sieger oder Verlierer seid.

Am wichtigsten für euch ist die tägliche Meditation, die eure Seele erweckt und euch näher zu Gott führt, zu eurem eigenen inneren Glück. Wenn ihr euch im Zustand völliger Ruhe befindet und alles mit der Seele wahrnehmt, schaut ihr Gott in allen Vorgängen der Schöpfung. Dann betrachtet ihr die Welt nicht mehr als einen Alptraum voller Sorgen, sondern als ein unterhaltsames Schauspiel, das ihr euch gern anseht. Ihr werdet aus tiefstem Herzen lächeln können, und dieses Lächeln kann euch niemand rauben.

Wer Gott erkannt hat, hält auch inmitten zusammenbrechender Welten fest und unerschütterlich stand ...

Meditiert regelmäßig und bleibt mit Gott verbunden, dann könnt ihr – unabhängig von den äußeren Umständen – jederzeit den Wein der Freude und Heiterkeit trinken. Wenn ihr den Nektar inneren Friedens aus den Engelshänden eurer schweigenden Verwirklichung entgegennehmt, könnt ihr die Ablenkungen und Sorgen des täglichen Lebens damit beruhigen.

Gott befindet sich auf dem Thron des Friedens in eurem eigenen Innern. Wenn ihr Ihn dort findet, werdet ihr Ihn auch in allen guten und sinnvollen Dingen des Lebens entdecken: in wahren Freunden, in der Schönheit der Natur, in guten Büchern, tiefen Gedanken und edlen Bestrebungen. Habt ihr Gott in euch selber gefunden, wißt ihr auch, daß alles, was euch im Leben bleibenden Frieden schenkt, die ewige Gegenwart Gottes verkündet – sei es innen oder außen. Wenn ihr Gott als inneren Frieden erlebt, werdet ihr fühlen, daß Er alle äußeren Dinge des Kosmos in harmonischem Gleichgewicht hält.

ÜBER DEN AUTOR

PARAMAHANSA YOGANANDA (1893 – 1952) gilt weltweit als eine der überragenden geistigen Persönlichkeiten unserer Zeit. Er war aus Nordindien gebürtig und reiste 1920 in die Vereinigten Staaten, wo er über dreißig Jahre lang die altehrwürdige indische Wissenschaft der Meditation sowie die Kunst eines ausgeglichenen geistigen Lebens lehrte. Durch seine begeistert aufgenommene Lebensgeschichte, die *Autobiographie eines Yogi*, und seine zahlreichen anderen Bücher hat Paramahansa Yogananda Millionen von Lesern in die unsterbliche Weisheit des Ostens eingeführt. Unter der Leitung einer seiner ersten und engsten Jüngerinnen, Sri Daya Mata, wird sein geistiges und humanitäres Werk von der internationalen Gesellschaft *Self-Realization Fellowship* weitergeführt, die er 1920 gründete, damit sie seine Lehren in aller Welt verbreite.

AUTOBIOGRAPHIE EINES YOGI
von Paramahansa Yogananda

Diese Autobiographie, die großen Anklang gefunden hat, ist zum einen das faszinierende Lebensbild einer außergewöhnlichen Persönlichkeit und bietet zum anderen eine tiefe Einsicht in die letzten Geheimnisse des menschlichen Daseins. Schon bei seinem ersten Erscheinen wurde dieses Werk als Meilenstein der geistigen Literatur bezeichnet und ist noch immer eines der am meisten gelesenen und geschätzten Bücher, die je über die Weisheit des Ostens geschrieben wurden.

Mit gewinnender Offenheit, Erzählkunst und köstlichem Humor schreibt Paramahansa Yogananda seine inspirierende Lebensgeschichte – schildert die Erlebnisse seiner ungewöhnlichen Kindheit, Begegnungen mit vielen Heiligen und Weisen während seiner Jugendjahre, als er in ganz Indien nach einem erleuchteten Lehrer suchte, seine zehnjährige Schulung in der Einsiedelei eines verehrungswürdigen Yoga-Meisters und seinen 30jährigen Aufenthalt in Amerika, wo er seine Lehre verbreitete. Außerdem berichtet er über seine Begegnungen mit Mahatma Gandhi, Rabindranath Tagore, Luther Burbank, der katholischen Stigmatisierten Therese Neumann und anderen berühmten geistigen Persönlichkeiten aus Ost und West. Das Buch enthält auch ausführliche Texte, die er nach der ersten Auflage von 1946 hinzufügte, sowie ein abschließendes Kapitel über seine letzten Lebensjahre.

Das Buch, das als ein spiritueller Klassiker unserer Zeit gilt, bietet eine tiefgründige Einführung in die alte Yoga-Wissenschaft. Es ist in viele Sprachen übersetzt worden und dient weitgehend als Nachschlagewerk in Hochschulen und Universitäten. Als ständiger Bestseller hat das Buch seinen Weg in die Herzen von Millionen Lesern in aller Welt gefunden.

»Ein außergewöhnlicher Bericht.«
– The New York Times

»Eine faszinierende und klar kommentierte Studie.«
– Newsweek

»Auf den Seiten dieser von unvergleichlichem und scharfem Geist gestalteten Darstellung eines faszinierenden Lebens wird ein Menschenbild von einer so ungeheuerlichen Größe offenbar, daß es den Leser von der ersten bis zur letzten Seite atemlos in Bann hält … Man möchte dieser bedeutenden Biographie die Kraft zusprechen, eine geistige Reformation auszulösen.«
– Schleswig-Holsteinische Tagespost

ANDERE BÜCHER VON
PARAMAHANSA YOGANANDA

Erhältlich in Buchhandlungen oder direkt beim Verlag

Autobiographie eines Yogi

Die ewige Suche des Menschen

Die Reise der Seele nach innen

Das Vermächtnis des Meisters

Der Wein des Mystikers
Die Rubaijat des Omar Chajjam – eine geistige Deutung

Religion als Wissenschaft

Flüstern aus der Ewigkeit

Lieder der Seele

Worte des Meisters

Wissenschaftliche Heilmeditationen

An der Quelle des Lichts
*Einsichten und Inspirationen,
um den Herausforderungen des Lebens zu begegnen*

Aus der Quelle der Seele
Wege zum erfolgreichen Beten

Zwiesprache mit Gott

Meditationen zur Selbst-Verwirklichung

Das Gesetz des Erfolges

Kosmische Lieder

Lehrbriefe der Self-Realization Fellowship

Die von Paramahansa Yogananda gelehrten wissenschaftlichen Meditationstechniken, einschließlich des *Kriya-Yoga*, sowie seine Ratschläge für ein ausgeglichenes Leben sind in den *Lehrbriefen der Self-Realization Fellowship* zusammengefaßt worden. Weitere Auskunft hierüber finden Sie in der Broschüre *Ungeahnte Möglichkeiten*, die Ihnen auf Wunsch zugesandt wird. Wenden Sie sich bitte an:

Self-Realization Fellowship
3880 San Rafael Avenue
Los Angeles, CA 90065-3298
Tel.: (323) 225-2471
Fax: (323) 225-5088
http://www.yogananda-srf.org

oder

Gemeinschaft der Selbst-Verwirklichung
Laufamholzstraße 369
D-90482 Nürnberg
Tel.: 0911/50 10 87
Fax: 0911/5 04 83 17